Cysuro'r Claf

Ysbrydoledd Mewn Ysbyty

CYSURO'R CLAF
Ysbrydoledd Mewn Ysbyty

Eric Jones

bwthyn
GWASG Y BWTHYN

Cyhoeddwyd gan Wasg y Bwthyn yn 2023
ISBN 978-1-913996-86-4

Cyhoeddwyd gan Wasg y Bwthyn
ar ran Bwrdd y Ddarlith Davies

Dymuna'r cyhoeddwyr gydnabod cymorth
Adrannau Cyngor Llyfrau Cymru

Clawr: Elgan Griffiths

Gwasg y Bwthyn, 36 Y Maes, Caernarfon,
Gwynedd LL55 2NN
post@gwasgybwthyn.cymru
www.gwasgybwthyn.cymru
01558 821275

Cyflwynedig ——————————————

i'r wyrion annwyl a bywiog:

Non, Efa, Llio a Bedwyr,

ac i'w 'nhain Val',

gyda diolch

am ei goddefgarwch a'i gofal.

Diolch

Braint fawr oedd derbyn gwahoddiad gan Fwrdd y Ddarlith Davies i baratoi'r ddarlith hon, a diolch hefyd am eu parodrwydd i'w chyhoeddi. Dyledus iawn ydwyf i swyddogion y Bwrdd, y Parchedig Ddr John Tudno Williams, a'r Parchedig Glyn Tudwal Jones am eu harweiniad gwerthfawr.

Wrth edrych yn ôl sylweddolaf mor ddyledus ydw i i'm hathrawon ysgol Sul, gweinidogion, ac un offeiriad, yn ystod cyfnod fy magwraeth yng nghapel Smyrna Llangefni, Eglwys Tregaean, Capel Gad, Cilcain a Bethesda'r Wyddgrug. Diball yw fy nyled i'r Parchedig J. Eirian Davies a'i briod Jenny. Gwerthfawr oedd fy aelodaeth o gapel Bryndu, Môn, a diolchaf am bob cefnogaeth ar ddechrau'r daith i'r weinidogaeth. Mor ofalgar oedd athrawon Ysgol Maes Garmon, a diolchaf yn arbennig i Mr Alan Wyn Roberts, fy athro Ysgrythur. Gwerthfawrogaf ymdrechion athrawon y Coleg Diwinyddol Unedig, Aberystwyth, ble bûm yn cymhwyso ar gyfer y weinidogaeth. Dysgais lawer hefyd gan Mr Rheinallt Thomas a darlithwyr Adran Addysg Coleg Prifysgol Bangor wrth astudio ar gyfer fy nhystysgrif athro. Yn naturiol rhaid diolch i'r ddwy ofalaeth y bu imi eu gwasanaethu, sef Llansannan a Bangor, gofalaethau a fu mor eangfrydig a hael eu cefnogaeth am gyfnod o ddeugain ac un o flynyddoedd.

Diolch i Meinir Pierce Jones a Gwasg y Bwthyn am eu gofal trylwyr ac i'r argraffwyr am eu gwaith glân.

Rhagair

Treuliais fwy o amser yn dewis y testun i'r Ddarlith Davies na'r hyn a wnes yn ei pharatoi. Mae gennyf ddiddordeb dwfn mewn sawl maes, ond o sôn amdanynt wrth gyfeillion, buan y sylweddolais nad oedd ganddyn nhw fawr o ddiddordeb yn y meysydd hynny! Ond pan soniais am 'Ysbrydoledd mewn Ysbyty' fel testun, cafwyd cefnogaeth frwd yn syth. Byddai'r testunau gwreiddiol wedi bod yn llawer haws, oherwydd ehangder diderfyn y meysydd y cyffyrddir â hwy yn y gwaith hwn. Wedi traddodi'r ddarlith yn y Gymanfa Gyffredinol ym mis Medi 2021 yn Seilo Caernarfon, bu i wres yr ymateb gadarnhau'n ddiamheuol fy mod wedi taro ar destun oedd yn eang ei apêl. Yn wir, rwy'n ddiolchgar iawn i'r nifer dda a drafferthodd i fynegi eu gwerthfawrogiad mewn amrywiol ffyrdd.

Deallaf mai dyma'r tro cyntaf i'r Ddarlith Davies gael ei thraddodi trwy gyfrwng pellgyrhaeddol Zoom, a diolch am flaengaredd Eglwys Bresbyteraidd Cymru a staff y swyddfa ganolog.

Yn 2020 yr oedd y ddarlith i'w thraddodi, ond oherwydd y pandemig gohiriwyd ei thraddodi hyd 2021, ac roedd hynny'n rhyddhad imi oherwydd y bagad gofalon eraill a oedd gennyf yn y cyfnod anodd hwnnw.

Wrth ddarllen dros y ddarlith, fisoedd wedi ei thraddodi, cefais fy nhemtio i'w hymestyn. Gochelais rhag gwneud hynny, oherwydd roeddwn eisoes wedi ymdrechu'n galed i grynhoi'r cyfan oedd gennyf i'w ddweud i'r 50 munud a roddwyd imi. Cadwaf at fy mwriad gwreiddiol o gyflwyno'r hyn sydd yma, yn gryno ac yn weddol glir gobeithio, ar gyfer pawb sy'n defnyddio ein hysbytai. Hyderaf fod y nodiadau a'r llyfryddiaeth yn sbardun i unrhyw un a fyn fwy o wybodaeth ac ysbrydoliaeth.

Fy ngweddi yw y bydd yr ymdrech hon yn ehangu ein hymwybyddiaeth ni, fel Cymry, am ein dyled i ysbrydoledd Cristnogol a'i ddylanwad enfawr ar darddiad ein hysbytai yn y gorffennol a'u rhediad yn y presennol. Ni allwn anwybyddu'r cyd-destun cyfoes, sy'n amlgrefyddol a gwrthgrefyddol.

Cefais fy herio lawer gwaith gan eiriau'r Archesgob William Temple, pan ddywedodd mai'r Eglwys yw'r unig gymdeithas sy'n bod ar gyfer y rhai nad ydynt yn aelodau ohoni.

Yn ystod y blynyddoedd diwethaf rhyfeddais at ffyddlondeb y meddygon o fewn yr eglwysi y bûm yn eu gwasanaethu. Rhyfeddais ymhellach wrth weld rhai meddygon a gymhwysodd eu hunain ar gyfer yr offeiriadaeth a'r weinidogaeth. Yn y gorffennol dyna oedd hanes y Dr Martyn Lloyd-Jones, a chofiaf iddo ddweud wrthym fel darpar weinidogion am gofio bob amser nad oes gan y byd ddim oll i'w gynnig. Onid oedd yn dweud y gwir? Felly oni ddylsem luosogi ein hymdrechion i ymestyn ein gweinidogaeth Gristnogol, a ninnau'n gwybod ei fod yn waith y mae Duw'n ein galw i'w gyflawni? Hyderaf fod yr hyn a rannaf yn y gwaith hwn yn gyfraniad tuag at hyrwyddo hynny.

Cysuro'r Claf ——————

Ydach chi'n cofio'r stori honno am fachgen bach yn torri twll gyda'i raw yn y tywod ar lan y môr, ac wrth iddo gydio yn ei fwced a cherdded i gyfeiriad y môr, dyma rywun yn gofyn iddo, 'Be wyt ti'n ei wneud?', a'r ateb a roddwyd oedd, 'Dwi am gario'r môr i mewn i'r twll acw.' Dwi'n teimlo'n ddigon tebyg i'r bachgen hwnnw; diniwed oedd o, ond rhyfygus ydw i, a minnau'n gwybod yn iawn fod yna fôr o wybodaeth am y maes hwn nad oes gennyf obaith ei throsglwyddo i lyfryn byr fel hwn. Rhaid cofio hynny wrth drafod maes mor eang ag 'Ysbrydoledd mewn Ysbyty' – a hynny trwy lygaid caplan, oherwydd dyna ydwyf ers dros 30 o flynyddoedd bellach, caplan yn bennaf yn Ysbyty Gwynedd, sydd o dan adain Bwrdd Iechyd Prifysgol Betsi Cadwaladr.

Diddorol yw tarddiad yr hen eiriau 'caplan' a 'capel'. Daw'r gair 'capel' o'r seithfed ganrif Oed Crist; ynddo y cadwyd *cape*, clogyn, yr Esgob Ffrengig, Sant Martin, a gwaith y *cape*/caplan oedd ei gwarchod. Bydd ambell brofiad a gefais fel caplan a gweinidog yn sicr o gael ei adlewyrchu yn yr hyn sydd gennyf i'w rannu. Ond beth yw ysbrydoledd?

Ar silffoedd ein siopau llyfrau, yn y gornel 'Mind, Body and Spirit', efallai y gwelsoch y llyfr *The Spirituality Revolution: The emergence of contemporary spirituality*. Mae'r awdur, David Tacey, athro mewn seicdreiddio, yn dadansoddi'r angen am ddealltwriaeth gyfoes o ysbrydoledd, yn enwedig o gofio am y cynnydd brawychus mewn iselder, hunanladdiadau, dibyniaeth (*addiction*) a dioddefaint seicolegol. Mae'r byd meddygol yn ein hatgoffa bod y cytgord cydrhwng y meddwl, y corff a'r ysbryd yn hanfodol er lles ein hiechyd.

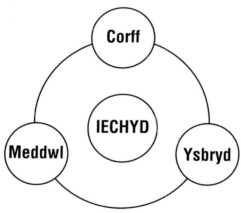

Gadewch i ni ofyn o ble y daeth y gair ysbrydoledd. Mae ei wreiddyn yn yr iaith Hebraeg, yn y gair *ruach*, term cyfoethog sy'n cynnwys 'yr ysbryd', a hefyd 'anadl' neu 'wynt'. Yn gyffredinol mae'n golygu'r hyn sy'n rhoi bywyd ynom ac yn ein cymell i fyw a gweithredu mewn ffordd arbennig.

Mae yna ddegau o wahanol fathau o ysbrydoleddau yn cael eu harddel, megis y rhai hiwmanistaidd, ffeministaidd, ysbrydoledd yr oes newydd ac yn y blaen, a does ryfedd bod yr hanesydd a'r diwinydd Philip Sheldrake wedi ysgrifennu llyfr dan y teitl *Spirituality: A Guide for the Perplexed*.

Mae'r caplan profiadol Marc Cobb yn gofyn cwestiynau na allwn eu hanwybyddu, sef 'A all ysbrydoledd fodoli heb ddiwinyddiaeth, a heb ffydd grefyddol? A oes y fath beth ag ysbrydoledd seciwlar?'[1] Gellir ychwanegu un cwestiwn arall, sef beth yw ystyr yr ymadrodd cyffredin, 'Dwi'n berson ysbrydol ond nid crefyddol'? Efallai y gallwch chi ateb y cwestiynau yna wedi i ni ganolbwyntio ar ysbrydoledd Cristnogol.

Yn ei lyfr dadlennol, *Christian Spirituality: An Introduction*, mae'r Athro diwinyddol Alister McGrath am i ni gofio bod tair prif elfen yn cael eu hymgorffori o fewn Cristnogaeth, sef, yn gyntaf, corff o gredoau, yn ail, corff o werthoedd, ac yn drydydd, y ffordd o fyw sy'n ymgorffori'r credoau a'r gwerthoedd hynny.

Cynigir sawl diffiniad o ysbrydoledd Cristnogol, ond dwi wedi dewis un syml, sef diffiniad y cyfeirir ato gan Alister McGrath, o eiddo Don E. Saliers, a dyma fo:

> *Mae ysbrydoledd yn derm defnyddiol i ddisgrifio sut yr ydym yn cymryd meddiant o gredoau traddodiadol Cristnogol am Dduw, am y ddynoliaeth a'r byd, gan roi mynegiant iddyn nhw trwy ein ffordd o fyw a gweithredu.*[2]

'Ysbrydoledd mewn Ysbyty' sydd dan sylw, a gofynnwn i ddechrau pa effaith a gafodd ysbrydoledd Cristnogol ar gychwyniad ein hysbytai.

Ysbrydoledd a chychwyniad ysbytai

Dywedir bod gan y Rhufeiniaid, rhyw ganrif cyn geni Crist, eu hysbytai arbennig ar gyfer eu milwyr a'u hymladdwyr clwyfedig, y *Gladiators*.

Cofiwn, doedd ysbytai cynnar y Rhufeiniaid ddim yn agored i'r cyhoedd. Wedi i'r Ymerawdwr Cystennin goleddu Cristnogaeth yn 312 O.C. a'i gwneud yn brif grefydd ei Ymerodraeth, dechreuwyd ymestyn y gofal am gleifion. Bu i Gyngor Nicea yn 325 O.C. benderfynu codi ysbytai ble bynnag yr oedd eglwysi cadeiriol, gan roi'r cyfrifoldeb am eu sefydlu ar yr esgobion. Codwyd un o'r rhai cyntaf gan y Physigwr Samson yng Nghaer Gystennin neu Istanbwl, Twrci, fel y'i gelwir heddiw. Erbyn diwedd y bumed ganrif codwyd ysbytai trwy'r byd Cristnogol, a galwyd hwy yn *Basillas*, gyda'u meddygon a'u staff eu hunain. Roedden nhw'n eitha' tebyg i'n hysbytai ni heddiw, ac yn gwasanaethu'r cyhoedd. Dyma ddatblygiad cadarnhaol, ac un a'u gwnaeth yn wahanol i'r ysbytai Rhufeinig cyntaf a oedd yn gyfyngedig i'r milwyr a'r ymladdwyr. Daeth y rhinwedd Cristnogol o ddangos trugaredd at y cleifion yn ddylanwad eang ac arhosol.

Yr hanesydd, yr Athro Gary B. Ferngren, a ddywedodd: 'Yn y ddwy ganrif gyntaf o'i bodolaeth, yr Eglwys Gristnogol oedd yr unig sefydliad yn y byd Rhufeinig oedd â strwythurau i ofalu am y cleifion.'[3]

Y Canol Oesoedd o'r bumed hyd y bymthegfed ganrif

Fel y dywedodd yr hanesydd meddygaeth, y Dr John Cule, yn ei draethawd ar ysbytai cynnar yng Nghymru a'r Gororau: 'Dysgodd y wladwriaeth i ofalu am ei milwyr, ond yr Eglwys a ofalodd am y mynaich a'r pererinion.'[4] O'r fan yna y tyfodd y gofal am y cleifion yn ein plith ni: ysbrydolwyd y gofal gan yr Eglwys, ac nid gan y byd meddygol ei hun. Daeth Sant Benedict, yr Eidalwr, yn nawddsant cyntaf Ewrop oherwydd iddo ffurfio ei fynachlogydd, a'r enwocaf o bosib oedd Monte Cassino yn 529 O.C. O'i fynachlogydd ef ar draws Ewrop y lledaenwyd yr holl ofal am gleifion.

Monte Cassino

Yma yng Nghymru, wedi concwest y Normaniaid creulon yn 1066, bu iddynt fynegi eu duwioldeb trwy godi mynachlogydd newydd. O'r holl urddau mynachaidd, y Sistersiaid oedd agosaf at y Cymry: hwy a gododd Abaty Ystrad Fflur yn 1164.

Ystrad Fflur

Ond sylwer fel y bu rhai'n credu fod Ysbyty Ystwyth, Ceredigion, yn cynnwys rhyw fath o ysbyty i'r pererinion ar eu ffordd i'r abaty, ond nid felly yr oedd mewn difri meddai'r haneswyr. Cafodd Ysbyty Ystwyth ei enw gan fod Urdd Sant Ioan o Jerwsalem wedi perchnogi tir yn y plwyf, ac enw arall ar yr urdd oedd yr 'Hospitalwyr'. Gwyddom felly o ble y daeth y gair 'Ysbyty' i'r ardal.

Er hynny, gallwn gredu fod Ysbyty Ifan yn Sir Conwy yn cynnwys ysbyty o fath, a hynny ar gyfer y pererinion blinedig a chlwyfedig wedi eu holl gerdded. Yn ei hunangofiant diddorol dros ben, *O'r Llechi i'r Cerrig*, mae'r meddyg teulu, y Dr Edward Davies, Cerrig-ydrudion gynt, yn sôn llawer am Urdd Sant Ioan, gan ein hatgoffa fod eu pencadlys yn y Gogledd ar un amser, a hynny yn Ysbyty Ifan. Dôl Gynwal oedd yr enw gwreiddiol ar y lle, ond tua'r flwyddyn 1190 newidiwyd ef i Ysbyty Ifan, pan ddaeth i sylw Marchogion Sant Ioan o Jerwsalem, sef Urdd yr Hospitalwyr. Eu gwaith hwy oedd codi ysbytai i ofalu am y pererinion, sef rhyw fath o hostel. Roedd angen y fath beth oherwydd bod llwybr y pererinion yn cychwyn o Fangor Is-coed ac yn arwain i Gaergybi ac Ynys Enlli, gan fynd trwy Ddôl Gynwal, a ddaeth yn ddiweddarach yn Ysbyty Ifan: Ifan, wrth gwrs, yn enw arall am Ioan.

Eglwys Sant Ioan, Ysbyty Ifan

Oedd, roedd angen hostel o'r fath, ac yn Ysbyty Ifan y codwyd hi cyn iddi gael ei dymchwel yn 1540, diolch i Thomas Cromwell a'r brenin Harri VIII. Ond ar yr un safle y codwyd eglwys y plwyf, o'r enw Eglwys Sant Ioan, sydd yno hyd heddiw.

Beth am y gair 'ysbyty' ei hun?

Tardda 'hospital' o'r enw Lladin *hospes* – o hwnnw y daw'r geiriau *hospice* a *hostel*, a *hospitality*. Yn y Ffrangeg, cawn *hôtel-Dieu* sy'n cyfieithu'n 'hostel Duw'. Lle i groesawu dieithriaid a'u hymgeleddu ydoedd. I'r Eglwys Gristnogol y mae'r diolch am fod yr ysbyty yn fan agored i groesawu ac ymgeleddu'r dioddefwyr o bob math, ac yno y profant drugaredd (*caritas*), sef cariad Duw tuag atynt.

O'r holl luniau o ryfeloedd Irac ac Affganistan, i mi, y lluniau mwyaf gobeithiol o ddigon oedd rhai o'r ysbytai milwrol, lle roedd milwyr y gelyn yn cael eu hymgeleddu ochr yn ochr â'n milwyr ni. Dyma gariad a thrugaredd Duw i'w weld ar waith, heb anghofio'r her a gawsom gan Iesu ei hun, sef 'carwch eich gelynion'.

Hyderaf fod deall rhywbeth am wreiddyn y gair 'ysbyty' yn gymorth i ni werthfawrogi ei wir ystyr. O wybod rhywbeth am y gwreiddyn, onid yw'n haws gwerthfawrogi'r ffrwyth?

Mwy o'r ffrwyth

Parhawyd i weld y ffrwyth hwnnw yn ein hysbytai ar draws y canrifoedd. Bu i'r Eglwys Gatholig Rufeinig sefydlu cymaint ohonynt, a hwythau'n cael eu rhedeg gan ferched gan amlaf, fel y Sisters of Charity a sefydlwyd gan St. Vincent de Paul (1581–1660). Gwnaethant waith enfawr yn gofalu am y cleifion. Ffrwyth yr urdd Lutheraidd a sefydlwyd gan ddau weinidog, sef Theodore Fliedner a Wilhelm Loehe, yn y bedwaredd ganrif ar bymtheg oedd y mudiad hwn, a wasanaethwyd gan ddiaconesau: mudiad a ddaeth o dan ddylanwad y Menoniaid o'r Iseldiroedd a'r Saesnes Elizabeth Fry. Agorwyd canolfan i'r diaconesau yn Kaiserswerth, tref yn yr Almaen, gan ledaenu trwy Ewrop. Yn Kaiserswerth y cafodd Florence Nightingale ei hyfforddi. Un a wasanaethodd ar y cyd â Nightingale yn Rhyfel y Crimea oedd Betsi Cadwaladr: merch o Lanycil ger y Bala, a merch i bregethwr cynorthwyol gyda'r Methodistiaid. Dywedir iddi dderbyn Beibl gan Thomas Charles, a hwnnw a roddodd bwrpas i'w bywyd. Y mae englyn y Parch. John Owen, Rhuthun, iddi yn werth ei ddyfynnu. Fe'i gwelir yn ei gyfrol *Ei Awen Ef* a gyhoeddwyd yn 2020.

Un gadarn fel haearn oedd hon – a'i llais
A'i llaw oedd i'r cleifion,
Â'i bryd gwerinol o'r bron
I wella eu harchollion.

Betsi Cadwaladr

Fedrwn ni ddim dianc oddi wrth ddylanwad yr Eglwys a'i chenhadaeth. Y genhadaeth a oedd, ac sydd, yn ganlyniad i'r ysbrydoledd Cristnogol, sef yr agweddau a'r ffordd o fyw a ddeilliodd o ffydd y rhai sy'n credu yn Nuw. Dyma rywbeth y dylem fod yn falch ohono fel credinwyr, sef yr hyn y mae gelynion Cristnogaeth a chrefydd yn ei anghofio, ei anwybyddu neu hyd yn oed yn ei ddilorni.

Cyn edrych yn fanylach ar bresenoldeb Cristnogaeth o fewn ysbytai heddiw, gadewch i ni gofio geiriau'r diwinydd Harvey Cox:

> Y mae dyn yn fwy hanfodol grefyddol na'r hyn y bu i ni ei dybio. Mae'n sychedu am ddirgelwch, ystyr, cymdeithas, a hyd yn oed am ryw fath o ddefod.[5]

O sôn am ddefod, rhyfeddais ar hyd y blynyddoedd fel y'm gelwid i a'r caplaniaid eraill at ugeiniau o famau a gollodd eu babanod a'u plant, gyda phob un ohonynt yn gofyn i ni fendithio eu babanod marw, neu fedyddio'r rhai bregus eu hiechyd. Cynyddodd y galw yn ystod y pandemig diweddar. Wna i fyth anghofio cael fy ngalw i'r ysbyty rhyw brynhawn, flynyddoedd lawer yn ôl. Yno yr oedd bachgen bach dwyflwydd oed ac yntau ymhell iawn o'i famwlad yn Hemisffer y De. Roedd yn griddfan mewn poen, a'i fam ddagreuol gydag ef. Ar wyliau yr oedden nhw, a rhywsut cafodd y bachgen lid ar yr ymennydd. Er y brys i'w symud i Ysbyty Alder Hey yn Lerpwl, mynnodd y fam ei fod yn cael ei fedyddio. Llanwyd y ward fechan â meddygon a nyrsys, ac wrth i riddfannau'r plentyn gynyddu, llenwi wnaeth fy llygaid innau; gallwn fod wedi ei fedyddio yn fy nagrau. Wedi'r bedydd a'r weddi, tawelodd y griddfan, ac yn wyrthiol, ymhen ychydig ddyddiau, adferwyd iechyd yr un bach. Roedd y fam yn priodoli'r wyrth nid yn unig i ymroddiad a sgiliau'r meddygon, ond hefyd i'r ddefod a'r weddi a offrymwyd ar adeg ei fedydd.

Daw'r gri am ddefod i'r amlwg gyda'r cleifion yn gofyn am gael priodi ar yr unfed awr ar ddeg. Fel gweinidogion yn ein heglwysi a'n cymunedau, cawn fisoedd o amser i baratoi ar gyfer priodasau, ond aml i dro rhyw awr neu ddwy o rybudd a gawn yng nghyd-destun yr ysbyty. Wrth i'r pâr gyfnewid eu haddewidion, byddaf i, am resymau amlwg, yn osgoi'r geiriau arferol 'hyd oni wahaner ni gan angau'; mae'r geiriau sy'n eu rhagflaenu yn fwy na digon yn y fath sefyllfa ingol, sef 'o'r awr hon ymlaen'.

Capeli ein hysbytai

Ymhob ysbyty bron fe gawn gapel, ac maen nhw'n cyfrannu tuag at wneud ysbrydoledd Cristnogol yn weladwy.

Yn y capel cawn ffenestr liw, yr allor, y groes a'r canhwyllau. Rhaid cofio bod pobl o bob rhan o'r byd yn troi i mewn i'r capel.

Onid oes yna werth enfawr i'r symbolaidd i hyrwyddo ysbrydoledd? Nid delwau i'w haddoli ydynt, ond cymhorthion i agosáu at Dduw. Mae athrawiaeth yr Ymgnawdoliad yn rhoi sail i werth y fath bethau, e.e. Colosiaid 1: 15: 'Hwn yw delw'r Duw anweledig'. Iesu yw'r un sy'n cynrychioli Duw fel y gallwn ei

Capel Ysbyty Gwynedd

weld. Ef hefyd a ddywedodd 'Myfi yw'r ffordd'. Mae cymaint o bobl angen delweddau i'w helpu i feddwl ac i weddïo: felly mae ganddynt eu lle wrth iddynt wneud yr ysbrydol a'r dwyfol yn weladwy.

Y Groes

Yn ganolog yn y ffenestr liw ac ar yr allor gwelwn y groes. Dyma offeryn dienyddio yn troi'n arwydd o obaith trwy'r atgyfodiad. Ydach chi'n cofio'r hanesyn am Julian o Norwich (14g.) yn gorwedd yn ddifrifol wael yn ei gwely, gyda'r diwedd yn agosáu, ond gofynnwyd i offeiriad lleol ymweld â hi, ac fe ddaeth gan chwifio croes/*crucifix* uwch ei phen a dweud wrthi, 'Dyma ddelw o'th Greawdwr a'th Waredwr. Edrych arno, ac ymnertha.' A dyna a ddigwyddodd, a bu iddi oroesi, ac wedi hynny y tarddodd nifer o fyfyrdodau ganddi am ddaioni Duw a'i haelioni dihysbydd tuag at bechaduriaid. Erys y groes yn symbol pwerus o fewn capeli ein hysbytai hyd heddiw.

Y Golomen

Yn y ffenestr hefyd gwelwn y golomen, sydd yn ein hatgoffa o'r Ysbryd Glân a ddisgynnodd ar Iesu adeg ei fedyddio. Duw ar waith yn ein plith yw'r Ysbryd Glân, a does dim yn fwy hanfodol nag Ef i gynnal ein hysbrydolrwydd. Fel y cawn ein hatgoffa gan yr Esgob Hugh Montefiore yn ei gyfrol *Credible Christianity*:

> Sef bod ysbrydoledd yn cyfeirio at Ysbryd Glân Duw yn bennaf, a hwnnw yn gweithredu o fewn y person dynol, ac wedyn, a dim ond wedyn, y bydd person yn ymateb yn fewnol i Dduw, gan ymarfer y bywyd Cristnogol.[6]

Cerflun Iesu a'r Plant

Dyma ddiffiniad da arall o ysbrydoledd. Pwy a ŵyr felly beth yw dylanwad y golomen yn y ffenestr?

Yr Allor

Mae'r allor yn fwrdd hwylus i ddal y Beibl a'r canhwyllau a'r groes, a'r elfennau sanctaidd, y bara a'r gwin, pan weinyddir y Cymun Bendigaid. Cofiwn am y defnydd o'r allor i aberthu yn yr Hen Destament, ac fe gofia'r Cristion am aberth Iesu, ond yn ystod y pandemig, bu'r allor yn gyfrwng i'n hatgoffa am yr holl feddygon a nyrsys ac eraill o fewn y Gwasanaeth Iechyd, dros 1,500 ohonynt, a aberthodd eu bywydau hwythau wrth ofalu am y cleifion.

Canhwyllau

Defnyddir y gannwyll mewn addoliad i'n hatgoffa am Dduw, yr un nad oes ynddo unrhyw dywyllwch, ac Iesu sy'n oleuni'r byd. I ddefnyddwyr y capel sydd yn aml yn profi rhyw dywyllwch dudew, mae'r gannwyll yn symbol cryf. Does ryfedd bod y cyn-Archesgob Rowan Williams wedi galw ei lyfr ar y pandemig yn *Candles in the Dark*.

Diddorol hefyd ydyw'r cerflun hwn o'r Iesu ymhlith y plant, ac oddi tano y mae pentwr o gofrestrau yn nodi enwau'r holl fabanod a phlant a gollwyd dros y blynyddoedd. Un o'r gwasanaethau dwysaf y byddwn fel caplaniaid yn ei gynnal yw'r un ar y Sadwrn cyn Sul y Cofio ym mis Tachwedd, sef y 'Gwasanaeth i Gofio'r Plant'. Yn y gwasanaeth hwn byddwn yn enwi pob plentyn a gollwyd: y mae eu rhieni'n bresennol, ac yn gosod blodyn er cof amdanynt ar Feibl agored.

Mae'r gaplaniaeth yn ymestyn allan i'r gymuned trwy wasanaethau fel hyn, gan wahodd rhai i fod yn

Côr Lleisiau Llannerch

Cledwyn Jones

bresennol hefyd ym mhrif wasanaethau'r calendr Cristnogol trwy'r flwyddyn. Er enghraifft, cynhelir y Gwasanaeth Nadolig yng nghyntedd yr ysbyty, am fod y capel yn rhy fach, a daw corau, fel Côr Mrs Grace Pritchard, Lleisiau Llannerch, yno'n gyson i ganu yn y gwasanaeth hwnnw.

Bydd y nyrsys yn ffurfio côr hefyd, gydag awyrgylch arbennig yn cael ei chreu wrth i'r carolau hen a newydd atseinio trwy'r ysbyty.

Cyn y pandemig cynhelid gwasanaeth Cymun yn y capel bob bore Sul, a deuai rhai o'r gymuned iddo. Y ffyddlonaf o ddigon oedd Mr Cledwyn Jones, o Driawd y Coleg gynt, a ddywedodd wrthyf un tro, 'Dwi'n hen ffasiwn, Eric, dwi'n dal i gredu wrth imi nesáu at fy nghanfed pen blwydd.'

Y Beibl

Beth am oedi gyda'r Beibl, gan gofio bod y Beibl a roddodd Thomas Charles i Betsi Cadwaladr wedi dylanwadu arni. Y Beibl yw'r sylfaen gadarnaf i adeiladu ein hysbrydoledd arni.

Wrth drafod y Beibl, mae'n werth tynnu sylw at un o ddarlithoedd yr Esgob John Vincent Taylor; y teitl oedd 'Divine Revelation Through Human Experience'.[7] Dyma yn gryno, meddai, beth yw'r Beibl, sef cofnod o brofiadau pobl o Dduw.

Yn sylfaenol y mae'r Beibl, meddai Taylor, yn cynnwys pedair prif thema, sef:

(i) Yr Ecsodus ac achubiaeth cenedl Israel, sef ei rhyddhad o'i chaethiwed yn yr Aifft;

(ii) Teyrnasiad y Brenin Dafydd a'i lwyddiannau, sef yr hyn a wnaeth arwain at godi'r Deml yn Jerwsalem, sef yr 'oes aur' fel y galwyd hi.

Ond y ddwy thema nesaf yr hoffwn dynnu sylw atynt, sef:

(iii) Y Gaethglud i Fabilon yn 586 C.C., ac wrth gwrs,

(iv) Dyfodiad Iesu Grist i'r byd.

(iii) Edrychwn ar brofiadau'r gaethglud i ddechrau:

Gwelwn fod Duw yn achub o hyd, ei fod â theyrnas a dinas i ni ymgyrraedd ati, a bod Iesu mor awyddus ag erioed i'n herio, ein dysgu a'n hiacháu. Dylem gofio hefyd am brofiadau anodd yr Israeliaid pan gawsant eu caethgludo o Jerwsalem i Fabilon yn 586 C.C. Onid rhywbeth tebyg yw profiad y cleifion a'u teuluoedd yn aml? Maent hwythau wedi eu caethgludo megis i wlad estron yr ysbyty, gan wynebu profiadau dieithr ac anodd, ac, fel yr Israeliaid, yn medru amau Duw.

Cafodd y profiad hwn ei adleisio gan gri Serena yn yr hen Rufain gynt pan ddywedodd, 'Cefais fy ngadael yn y tawelwch unig . . . o Dduw, a oes rhywun i wrando arnaf?'

A beth am brofiad Job yn yr Hen Destament? – 'Gwaeddaf arnat am gymorth, ond nid wyt yn f'ateb; safaf o'th flaen, ond ni chymeri sylw ohonof' (Job 30: 20).

Yn Eisteddfod Maldwyn a'i Chyffiniau, 1981, yn ei awdl fuddugol 'Y Frwydr', mae'r Prifardd a'r gweinidog, y Parch. John Gwilym Jones, yn rhannu rhai profiadau dirdynnol o weld ei briod yn wael yn yr ysbyty, ac yn brwydro yn erbyn ei hafiechyd creulon. Mae pedair llinell o'r awdl yn dweud cymaint wrthym am y cyferbyniad rhwng yr haf a'r gaeaf yn ei bywyd hi, a'n bywydau ni oll:

> Diofid fuost, haf fu dy fywyd,
> Diogel haf yr hindda diglefyd . . .

Ond ni roir gwin hin un haf
I'n bywyd heb ei aeaf.

Onid y gaeaf yw'r gaethglud?

Yn Eisteddfod Genedlaethol Abergwaun a'r Fro,
1986, yn ei awdl fuddugol 'Y Cwmwl', mae'r Prifardd
a'r offeiriad, y diweddar Barchedig Gwynn ap Gwilym,
yn disgrifio dioddefaint ei dad, gweinidog uchel ei
barch, o'r clefyd creulon, y Motor Neuron. Dyma ran
ddirdynnol o'r awdl sy'n diffinio caethglud y claf a'r
teulu:

Daeth Sul y melltithiais i
Y Duw hwn, duw'r dihoeni . . .
Deffro y nawfed bore o Fedi,
I ffôn digalon y nyrs, a gwelwi;
Rhuthro'n aflawen i ward y trueni,
I dystio i'r angau, y nwydus drengi.
    Hwyliai nhad o'n gafael ni – dan reidrwydd
Duw y distawrwydd oer didosturi.

Mae'r Beibl yn cyffwrdd y darllenydd trwy gynnwys
profiadau'r gaethglud yn ein bywydau, sef profiadau
anodd a negyddol bywyd, a phrofiadau anodd o
Dduw ei hun. Daeth hynny yn amlwg iawn yn ystod
y pandemig. Bu rhai'n gofyn, fel yng nghyfnod y
Gaethglud, ai cosb oddi wrth Dduw oedd yr holl golli
bywydau a'r dioddefiadau? Yn wir, gofynnodd un
meddyg y cwestiwn hwnnw imi.

Yn Salm 137 cawn fynegiant i brofiadau'r Israeliaid
o'r Gaethglud:

Ger afonydd Babilon yr oeddem yn eistedd
    ac yn wylo,
      wrth inni gofio am Seion.
Ar yr helyg yno
y bu inni grogi ein telynau,
oherwydd yno gofynnodd y rhai a'n
      caethiwai am gân . . .
Sut y medrwn ganu cân yr Arglwydd
      mewn tir estron?

Ond dyna'r wyrth a welais i, sef fod rhai eneidiau prin yn medru canu yn nhir estron y gaethglud hyd yn oed. Yn ddiweddar, a hithau yn ei dyddiau olaf, roedd un aelod o'n heglwys ym Mangor yn canu dros y ward:

Rwy'n canu fel cana'r aderyn
Yn hapus yn ymyl y lli,
A dyna sy'n llonni fy nodyn,
Fod Iesu yn Geidwad i mi.

'Rydym angen ffydd sy'n medru canu,' meddai rhywun.

Byddai nyrs o'n heglwys, wedi i'r ymwelwyr droi am adref gyda'r nos, yn canu emynau wrth gyflawni ei waith. Byddai ei lais tenor melfedaidd yn cyrraedd calonnau'r cleifion. Gofynnodd un, a hithau'n derfynol wael, iddo ailganu'r pennill o waith David Charles (*Caneuon Ffydd*, 686):

O Iesu mawr, rho d'anian bur
i eiddil gwan mewn anial dir,
i'w nerthu drwy'r holl rwystrau sy
ar ddyrys daith i'r Ganaan fry.

Parchedig Wynne Roberts

Galwodd Martin Luther y llyfr emynau yn 'Feibl Bach', oherwydd ynddo, fel yn y Beibl, costrelir ein profiadau o Dduw.

Gelwir rheolwr caplaniaid Bwrdd Iechyd Prifysgol Betsi Cadwaladr, sef y Parchedig Wynne Roberts, yn 'Elvis Cymraeg', a chredwch fi, gofynnir am ei ganu gan gleifion yn gyson, fel y ferch ifanc oedd yn marw o'r cancr. Gofynnodd i'r caplan ganu iddi ar ei phen blwydd. Dyna'r anrheg a werthfawrogodd yn fwy na dim. Yn gymysg â chaneuon gospel Elvis, y ffefryn o hyd yw 'Love me tender, love me true'.

Does ryfedd bod Martin Luther wedi dweud, 'Yn nesaf peth at Air Duw, celfyddyd aruchel cerddoriaeth yw'r trysor mwyaf sydd yn y byd.' A beth am Air Duw ei hun? Mor gredadwy yw casgliadau Vincent Taylor, sef 'bod awdurdod yr ysgrythurau ynghlwm wrth eu gallu i'n cyfarch ni yn ein cyflwr, a hynny gyda gwir lais Duw ei hun'.[8]

(iv) Gwna hynny ar ei orau trwy roi mynegiant i ddyfodiad Iesu Grist i'r byd.

Dyma bedwaredd thema'r Beibl, a'r fwyaf.

Ie, dyma'r Gair a ddaeth yn gnawd yn Iesu o Nasareth, a dwy elfen ganolog ei weinidogaeth oedd dysgu ac iacháu. Dysgodd am Deyrnas Dduw ac fe ddangosodd natur y Deyrnas honno drwy iacháu'r cleifion. Mae athrawiaeth yr Ymgnawdoliad yn dangos bod i'r iacháu hwnnw awdurdod dwyfol, a'i fod hefyd yn adlewyrchu ewyllys Duw ei hun. Sut felly y gall unrhyw afiechyd fod yn rhan o ewyllys Duw, fel y mae rhai yn haeru? Yn Efengyl Luc 9: 1–2, a oedd ei hun yn feddyg, cawn y geiriau, 'Galwodd Iesu'r Deuddeg ynghyd . . . Yna anfonodd hwy allan i gyhoeddi Teyrnas Dduw ac i iacháu'r cleifion.'

Dylanwad arall ar y meddwl Cristnogol yw dameg y Samariad Trugarog. Mor dosturiol oedd y Samariad, yr hen elyn o bawb. Rhwymodd glwyfau'r un a syrthiodd i blith y lladron, gan arllwys olew a gwin arnynt. 'Ei anifail ei hun oedd yr ambiwlans,' meddai'r diweddar Barchedig W. R. Williams, y Felinheli, mewn pregeth radio un tro. Gadawyd ef yng ngofal gŵr y llety gan ddangos parodrwydd i dalu iddo am ei ofal o'r claf. 'Dos dithau a gwna'r un modd.' Dyna'r anogaeth a symbylodd gymaint i ymdebygu i'r Samariad Trugarog.

Ac yn Mathew 25: 39, cawn Ddameg Barnu'r Cenhedloedd, ac fe ofynnir y cwestiwn, 'Pryd y'th welsom di'n glaf . . . ac ymweld â thi?' Dyma gwestiwn a drodd yn her fawr i lawer.

Mae'r dyfyniad hwn o Gynhadledd yr Esgobion

Catholig yn America yn 2009 yn cydnabod dyled y byd i weinidogaeth Iesu'r Meddyg Da:

> Mae'r Eglwys erioed wedi ymgorffori consýrn ein Gwaredwr am y cleifion ... Cyffyrddodd Iesu â phobl ar lefel corff, meddwl ac ysbryd. 'Yr wyf wedi dod er mwyn i ddynion gael bywyd, a'i gael yn ei holl gyflawnder' (Ioan 10: 10).[9]

Cenhadon meddygol

Eleni cyfrannodd aelodau ein heglwysi'n hael tuag at brynu offer i helpu dioddefwyr Cofid-19 mewn dau ysbyty yn yr India, sef Ysbyty'r Dr Gordon Roberts yn Shillong ac Ysbyty'r Dr Norman Tunnel yn Jowai. Ysbytai yw'r rhain sy'n ffrwyth ein hymdrechion cenhadol ers sefydlu Cymdeithas Genhadol y Methodistiaid Calfinaidd yn 1840. Dyma'r flwyddyn yr aeth y cenhadwr cyntaf, o'r enw Thomas Jones, i'r India

Ysbyty Dr Gordon Roberts yn Shillong, yr India

bell. Bu pregethu'r gair, addysgu ac iacháu'r cleifion yn gwbl allweddol i lwyddiant y genhadaeth yn yr India, ac erbyn hyn y mae yno Eglwys Bresbyteraidd ffyniannus iawn, eglwys y mae'r Presbyteriaid Cymreig yn falch o gael ei galw'n ferch i'w heglwys nhw. Erbyn hyn y mae ganddi bedwar ysbyty o dan ei hadain.

Gwerth gweddi

Trwy garedigrwydd y Parch. Aneurin Owen deuthum i gysylltiad â meddyg o'r India o'r enw Dr Hminga Lalhmingliana, a chawsom gysylltu â'n gilydd trwy'r we. Un peth trawiadol a ddysgais ganddo ydyw bod gweddi ac addoli'n parhau yn rhan annatod o fywyd beunyddiol staff yr ysbytai a godwyd gan y cenhadon. Amlygiad sicr o'n hysbrydolrwydd yw gweddi. Dyma ddau lun o'r hyn sy'n digwydd yn rheolaidd yng nghapeli ysbytai fel Ysbyty Gwynedd:

Yn gyntaf, llun o feddygon Mwslemaidd yn gweddïo; maen nhw'n gweddïo bum gwaith bob dydd. Y Mwslemiaid wnaeth ofyn yn ddiweddar am gael cysegru ward a agorwyd wedi iddi gael ei hailddodrefnu. Gadawsant y gwaith i'r Caplan Cristnogol, a bod yno eu hunain gan ddangos cefnogaeth lwyr i'r ysbrydoledd a fynegwyd. Cafodd y caplaniaid a staff y ward dipyn o syndod o dderbyn cais mor anarferol, ond dangosodd y cais rywbeth am ysbrydoledd y meddygon Mwslemaidd, a'u parch tuag at y gaplaniaeth Gristnogol.

Dyma'r goeden weddi: mae'n syndod y defnydd a wneir o'r goeden hon, lle mae gweddïau'r cleifion a'r

Coeden weddi

ymwelwyr yn cael eu hysgrifennu, yn aml mewn iaith syml, ac weithiau'n fygythiol megis: 'Jesus, heal my husband or I'll rip up the picture I have of you on our landing.'

Mor onest a chredadwy yw disgrifiad Manon Steffan Ros yn y gyfrol *Galar a Fi* a olygwyd gan Esyllt Maelor. Dyma ei hymateb i'r gweinidog wnaeth gynnig gweddïo gyda hi, pan oedd ei mam yn derfynol wael yn 44 mlwydd oed:

Am y tro cyntaf yn fy mywyd, cefais yr ysfa i ddyrnu rhywun . . . 'Sut fedrwch chi eistedd yna yn eich coler twt, efo'ch adnodau tlws yn barod ar eich tafod, a'ch Duw chi wedi caniatáu i'r ddynas ora dwi 'di nabod erioed fod yn gorwedd yn y gwely yn marw . . . Sut fedrwch chi falu c**** am nefoedd pan mae ei nefoedd hi yma, efo ni, dim efo seintia a hen bobol?'

Dyna roeddwn i'n ei sgrechian, yn fy mhen ... Rydw i'n difaru rŵan, yn difaru teimlo mor flin efo'r dyn a'i Dduw.[10]

Ambell dro, pan fydd yr amser yn addas, onid oes angen dweud wrth rai fel Manon ac eraill, beth bynnag y bo'r oed y collwn anwyliaid, y gallwn edrych ar far-wolaeth fel ffrind, a'r meddyg olaf sy'n rhyddhau'r claf o'i holl flinderau. O gredu hynny, mae'n haws ymdopi â marwolaeth. 'Let go and let God,' meddai rhywun.

Gwerthfawr yw dealltwriaeth yr Esgob John Shelby Spong o weddi. 'Portreadwyd Duw yng ngweinidogaeth Iesu o Nasareth,' meddai, 'a thrwyddo yr ymgorfforwyd Teyrnas Dduw lle y mae'r deillion yn cael eu golwg yn ôl, y cloffion yn cerdded . . . y byddariaid yn clywed. Y meirw yn codi . . .' Dywed ymhellach, 'Gweddi yw'r profiad o gyfarfod Duw, a chanfod yr egni ynddo a'n gwna ni a'r rhai a garwn yn bersonau cyflawn.'[11]

Diddorol yw diffiniad y diwinydd Jürgen Moltmann o iechyd: 'Iach yw'r sawl y mae ganddo'r egni i fyw, yr egni i ddioddef a'r egni i farw.'[12] Cyfranna pob gweddi at y storfa o egni a'n gwna yn gyflawn i wynebu ein holl brofiadau.

Ambell dro y mae'r dyhead am weddi yno, ond dim geirfa i roi mynegiant iddi. Un tro roedd milwr ifanc wedi ei ddwyn i'r ysbyty ar brynhawn Sadwrn. Canfuwyd bod haint dychrynllyd yn peryglu ei fywyd, a gofynnwyd i mi helpu trwy ofalu am ei rieni pryderus. Achubwyd bywyd y milwr ifanc. Ymhen rhyw bum diwrnod daeth y rhieni i ddrws ein cartref, a dyma oedd eu cais imi: 'Can you please give the bloke up there our thanks? You know how to, we don't.'

Disgrifiodd un caplan brofiad y dyn digrefydd fel un sy'n byw mewn ystafell heb ddrysau na ffenestri ynddi, ac onid yw'n ddisgrifiad da? Wrth i'r claf digrefydd orwedd, mae'n gorfod edrych i fyny, ond beth a wêl? Heb ffenestr na drws ysbrydol, gall fod mewn rhyw garchar tywyll du.

Mae R. S. Thomas yn ei ffordd unigryw yn disgrifio'r angen dwfn am weddi, gan gydnabod y paradocsau a brofwn hefyd wrth ymbalfalu tra gweddïwn: ond ymddengys fod gan y credadun ddrws i ystafell arall ... sylwer ar y geiriau 'it is a room I enter ...'

Dyma eiriau R. S.:

THE ABSENCE

It is this great absence
that is like a presence, that compels
me to address it without hope
of a reply. It is a room I enter

from which someone has just
gone, the vestibule for the arrival
of one who has not yet come . . . [13]

Cawn ein hatgoffa o eiriau Iesu ei hun: 'Ond pan
fyddi di'n gweddïo, dos i mewn i'th ystafell, ac wedi
cau dy ddrws gweddïa ar dy Dad sydd yn y dirgel'
(Mathew 6: 6).

Dywedodd y diweddar Barchedig Elfed ap Nefydd
Roberts galon y gwir yn ei erthygl gyfoethog ar Gynnal
Ysbrydoledd:

> Tynnwn ni weddi ac ysbrydolrwydd allan o'n
> bywyd crefyddol, y mae'n peidio â bod yn grefydd,
> nid yw'n ddim amgenach nag athroniaeth neu
> ideoleg foesol. Mae geiriau'r awdur Catholig,
> Bellarmine, yn tanlinellu pwysigrwydd gweddi,
> 'Y mae'r corff yn byw trwy anadlu a'r enaid yn
> byw trwy weddïo. Mae peidio anadlu yn arwydd
> o farwolaeth . . . yn yr un modd y mae'r sawl nad
> yw'n gweddïo yn farw i Dduw'.[14]

Ar y Maes Cenhadol yn yr India roedd ein cen-
hadon yn brwydro yn erbyn nid yn unig paganiaeth
ond hefyd ddylanwad Hindŵaeth a Mwslemiaeth,
ond o fewn ysbytai'r byd diolch bod yna gydweithio
gwych rhwng deiliaid y gwahanol grefyddau. Capeli
aml-ffydd ac amlbwrpas sydd gennym yn ein hysbytai.
Diolch am hynny, oherwydd fel y dywedodd y
diwinydd toreithiog Hans Küng, 'Ni fydd heddwch yn
y byd yn bosibl heb heddwch ymhlith y crefyddau.'[15]
Erys ein hysbytai'n ynysoedd gobaith gwironeddol
mewn byd sydd mor rhanedig, cymhleth a pheryglus.

'Y Croeshoeliad' gan Matthias Grünewald, yng nghapel ysbyty Mynachdy Sant Anthony yn Isenheim, Ffrainc

Erys Cristnogaeth yn grefydd y mwyafrif o bobl ein byd, a does ryfedd bod ysbrydoledd Cristnogol yn parhau'n ddylanwad dyrchafol ac eang. Ond onid yw'n deg gofyn ym mha ffordd y mae'n wahanol i grefyddau eraill? Gwna hynny mewn ffordd arbennig iawn drwy helpu cleifion i wynebu dioddefaint, a salwch o bob math, a hefyd, farwolaeth. Cofier mor aml y gelwir y caplan at gleifion pryd y mae'r meddygon yn methu cynnig mwy i'w gwella, a hwythau'n gorfod wynebu 'Angau Gawr', chwedl T. H. Parry-Williams.

I gloi, meddyliwn am y ddau air :

Iechyd ac Iachawdwriaeth

Mae'r gair 'iechydwriaeth' yn cynnwys yr hyn a gyfranna at ein hiechyd, ac 'iachawdwriaeth' yn cyfeirio at yr hyn a ddeillia o'n perthynas â'n Hiachawdwr Iesu Grist. Felly ystyriwn yr hyn a ddywed y Beibl am y groes, 'Trwy ei archoll ef y cawsoch iachâd' (1 Pedr 2: 24). I'r Cristion mae Iesu trwy'r Ymgnawdoliad yn datguddio Duw yn ein plith, ac felly y mae yna bont rhwng y Duwdod a phawb sy'n dioddef. Dyna bwyslais Jürgen Moltmann yn ei gyfrol glasurol *The Crucified God*. Sawl gwaith y dywedais wrth rai fel y mamau a gollodd eu babanod, 'Mae Duw yn wylo gyda chi'. Dyna a wnaeth Iesu ym Methania gyda chwiorydd Lasarus; hynny yw, mae'n cyd-ddioddef â hwy.

Yn gynnar yn yr unfed ganrif ar bymtheg cawn yr arlunydd enwog Matthias Grünewald (*c.* 1475–1528) yn portreadu Crist mewn darlun a ymddangosodd ar banel y tu ôl i'r allor yng nghapel ysbyty Mynachdy Sant Anthony yn Isenheim, Ffrainc.

Yn ysbyty'r mynaich hyn y gofelid am y rhai oedd yn dioddef o'r pla, gan arbenigo ar drin afiechydon y croen, fel y gwahanglwyf, sydd yn aml yn achosi anffurfio difrifol. Mor ddramatig yw portread yr arlunydd o Grist. Wrth edrych ar y darlun cawn ein hatgoffa o gerdd ingol Gwyn Thomas, 'Gwener y Grog', a welir yn ei gyfrol *Chwerwder yn y Ffynhonnau*:

> Nid golygfa i wragedd oedd Golgotha
> Na rhai diniwed,
> Roedd yn rhaid meddwi milwyr Rhufain
> Er mwyn ffieiddio'u llygaid i wylio.

Corff briw fel braenar,
A'r doluriau'n fieri ar ei fron
A gwaed yn crino'n fudur ar y croen.

Yr un yw amcan y bardd a'r arlunydd, sef cyfleu erchylltra'r croeshoelio.

Yn yr Ysgrythur y mae Crist yn cael ei bortreadu fel un oedd 'wedi ei ddirmygu a'i wrthod gan eraill, yn ŵr clwyfedig, cyfarwydd â dolur . . . eto ein dolur ni a gymerodd, a'n gwaeledd ni a ddygodd . . .' (Eseia 53: 3–4). Ar un ochr i lun Grünewald cawn Mair ei fam yn edrych ar ei mab ac yn wylo, a hefyd, yr ochr arall, Ioan Fedyddiwr yn pwyntio ato, fel petai am i ni edrych a sylweddoli mai trwy ddioddef y fath boen, y fath artaith, y mae Duw'n amlygu ei gariad tuag atom.

Yn ei gerdd 'Y Pasg', a welir yn ei gyfrol *Y Weledigaeth Haearn*, dyna a ddywed Gwyn Thomas drachefn: 'Ar y Golgotha dragwyddol y gwelir hanfod Duw.'

Byddai'r Albanwr James Denney yn dangos cerflun o'r Crist croeshoeliedig i bobl yn eu trueni, gan ddweud, 'Fel hyn y mae Duw yn eich caru, edifarhewch a chredwch.'

Wrth fod gydag ugeiniau o gleifion yn eu horiau a'u munudau olaf, daeth geiriau Harold St. John i'm cof lawer gwaith. Dyma a ddywedodd ar ddiwedd ei fywyd: 'Dwi'n rhy wan i weddïo, dwi'n rhy flinedig i'w garu Ef yn iawn, dwi'n gorwedd yma gan adael iddo Ef fy ngharu i.'[16]

Mae'r neges ddiwinyddol yn glir: dyma'r un sy'n rhannu ein dioddefiadau dynol ond sydd hefyd yn cynnig y gobaith eithaf am ein hadnewyddiad eithaf yn y pen draw.

'Crist mewn Gogoniant', gwaith John Petts, Eglwys Mair Forwyn, Aberhonddu

Yn y ffenestr y tu ôl i'r allor yn Eglwys Mair Forwyn yn Aberhonddu, gwelir gwaith crefftwr o Gymru, sef John Petts, sy'n ymgais i gyfleu'r atgyfodiad. Fel y dywed Jürgen Moltmann yn ei gyfrol *The Crucified God*: 'Y sylfaen ddiwinyddol i'r gobaith Cristnogol yw atgyfodiad y Crist croeshoeliedig.'[17] Dywed y Testament Newydd y bydd y rhai sydd â ffydd ynddo hefyd yn atgyfodi. Yn y pen draw adnewyddir pob peth yn y 'Jerwsalem newydd'. Y fath wahaniaeth a wna'r gobaith hwn i'r dioddefwyr. 'Credwn yn atgyfodiad y corff,' meddai Credo'r Apostolion.

Awstin Sant yn ei gyfrol *Dinas Duw* sydd yn sôn am ddelw sydd wedi ei tholcio a'i hanffurfio, yna'n cael ei thoddi a'i thrawsnewid er mwyn ei ffurfio o'r newydd; felly hefyd y caiff cyrff dolurus a chlwyfedig y rhai sy'n credu yng Nghrist eu trawsffurfio trwy rannu ei atgyfodiad. Meddai Martin Luther, 'Fel y mae'r berthynas agos rhwng gŵr a gwraig yn sicrhau eu bod yn rhannu cymaint yn gyffredin, felly hefyd gyda Christ a'i ddilynwyr.'[18] Yn y Traddodiant mewn angladd dyfynnwn ninnau o'r Llythyr at y Philipiaid:

Bydd ef yn gweddnewid ein corff iselwael ni
ac yn ei wneud yn unffurf â'i gorff gogoneddus ef,
trwy'r nerth sy'n ei alluogi i ddwyn pob peth dan ei
awdurdod (Phil. 3: 21).

Caiff hyn ei gynnwys ymhellach yn y Testament Newydd trwy sôn am 'ddinasyddion y nefoedd' a'r syniad o ddychwelyd adref i'r Jerwsalem Newydd. Yn Datguddiad 21: 5, daw'r atgyfodiad yn obaith am adnewyddiad pellach pan ddywedir, 'wele yr wyf yn gwneud pob peth yn newydd.'

Byddai Socrates, yr athronydd Groegaidd, yn sôn am ddioddef a marw gydag urddas, ond dioddef a marw gyda gobaith a wna'r Cristion.

Mae geiriau'r diwinydd mawr o'r India, yr Athro S. J. Samartha, yn tanlinellu cymaint:

There are different faiths, there are alternative ways of salvation, there are different hopes about human destiny, there are different affirmations as to what happens at the end. In the last analysis, religions should be recognized as having responded differently to the mystery of the Ultimate. While recognizing the plurality of these answers, Christians believe that in Jesus Christ the Ultimate has become intimate with humanity, that nowhere else is the victory over suffering and death manifested so decisively as in the death and resurrection of Jesus Christ, and that they are called upon to share this good news humbly with their neighbours.[19]

Gallai Hans Küng grynhoi'r cyfan i un frawddeg feichiog a bachog:

I ffydd, y gwir ddyn Iesu o Nasareth yw'r gwir ddatguddiad o'r unig wir Dduw.[20]

Oes, mae yna newydd da i'w rannu'n wylaidd o hyd, gyda'n cymdogion caredig ymhlith crefyddau eraill, a rhai angharedig hefyd, fel yr Atheistiaid Newydd, yr Hiwmanistiaid a'r Seciwlariaid gelyniaethus.

Cofiwch y cwestiynau a ofynnwyd ar y dechrau, sef a all ysbrydoledd fodoli heb ddiwinyddiaeth a ffydd grefyddol? A oes y fath beth ag ysbrydoledd seciwlar?

Brwydrwn yn y cyfnod ôl-Gristnogol hwn i ddiogelu'r ysbrydoledd Cristnogol a roddodd fod i'n hysbytai, mynnwn wybodaeth amdano, a choleddwn a rhannwn yr Efengyl, sef y newyddion da. Er eu bod mewn cyd-destun gwahanol, mae'r geiriau yn nheitl un o lyfrau Chelsea Clinton yn addas iawn i ninnau:

> *Get informed,*
> *Get inspired,*
> *Get going.*

A hynny er lles ein hiechyd, ein hiachawdwriaeth ac er gogoniant i Dduw.

Nodiadau

1. *The Dying Soul: Spiritual Care at the End of Life* – Mark Cobb, Open University Press, 2001, t. 24

2. *Christian Spirituality: An Introduction* – Alister McGrath, Wiley Blackwell, 2013, sef dyfyniad o Worship and *Spirituality* gan Don E. Saliers, t. 460

3. *Oxford Book of Spirituality in Healthcare*, Oxford University Press, 2012, t. 6

4. Gwefan Llyfrgell Genedlaethol Cymru – *Journal*, 1977 – Winter, Volume XX/2, tt. 97-127 – gwaith John Cule

5. *Paths in Spirituality* – John Macquarrie, SCM Press, 1972 – dyfyniad o erthygl Harvey Cox, 'For Christ's Sake', *Playboy*, Ionawr 1970, t. 3

6. *Credible Christianity: The Gospel in Contemporary Culture* – Hugh Montefiore, Mowbray, 1993, t. 258

7. *Bishops on the Bible* – erthygl John Vincent Taylor, SPCK, 1994, tt. 1–31

8. Ibid., t. 11

9. *Oxford Book of Spirituality in Healthcare*, t. 26 (gweler rhif 3 uchod)

10. *Galar a Fi* – Golygydd: Esyllt Maelor, Y Lolfa, 2017, tt. 107–8

11. *Why Christianity Must Change or Die: A bishop speaks to believers in exile*, Harper San Francisco, 1998, t. 143

12. *A Question of Healing: The Reflections of a Doctor and a Priest* – Gareth Tuckwell & David Flagg, Fount / Harper Collins Publishers, 1995, t. 12

13. *The Dying Soul: Spiritual Care at the End of Life* – Mark Cobb, t. 18 (gweler rhif 1 uchod)

14. *Y Traethodydd*, Cyfrol CLXXIII, Rhif 725, Ebrill 2018, t. 91

15. *Quotes by Hans Küng* – dyfyniad oddi ar y we a

gafwyd yn wreiddiol yn *Address at the opening of the Exhibit on the World's Religions at Santa Clara University*, 2005

16. *Pastoral Visitation* – David Short & David Searle, Christian Focus Publications Ltd., 2004, t. 28
17. *The Crucified God* – Jürgen Moltmann, SCM Press, 2015, t. 182
18. *The Empty Cross of Jesus* – Michael Green, Hodder & Stoughton, 1995, t. 244
19. *Christ's Lordship and Religious Pluralism* – Golygwyd gan Gerald H. Anderson a T. F. Stransky, Orbis Books, 1981; erthygl gan S. J. Samartha
20. Gweler erthygl Glyn Tudwal Jones ar waith Hans Küng, 'Y Pabydd Protestannaidd', yn *Cennad*, rhif 10, t. 4. Mae'n dyfynnu o *On Being a Christian*, Harper Collins, 1971

Darllen pellach

Oxford Textbook of Spirituality in Healthcare – Golygwyd
gan Mark Cobb, Christian M. Puchalski a Bruce
Rumbold, Oxford University Press, 2014 (yma
ceir amrywiaeth eang o erthyglau'n ymdrin ag
ysbrydoledd o bob math)

*A Handbook of Chaplaincy Studies: Understanding Spiritual
Care in Public Places* – Christopher Swift, Mark Cobb
ac Andrew Todd, Ashgate Publishing, 2015

Hospital Chaplaincy in the Twenty-first Century, 2nd
Edition – Christopher Swift, Ashgate Publishing,
2014

The Doctor Himself and the Human Condition – D. Martyn
Lloyd-Jones, Christian Medical Fellowship, 1982

Blas ar Gristnogaeth Cymru – R. Tudur Jones. Golygydd:
Euros Wyn Jones, Cyhoeddiadau'r Gair, 2018

*Hanes Methodistiaeth Cymru, Cyfrol III: Y TWF A'R
CADARNHAU (1814–1914)* – Golygydd: John
Gwynfor Jones, Is-olygydd: Marian Beech Hughes
(gweler Pennod 9 gan Dafydd Andrew Jones, t. 422
ymlaen), Gwasg Pantycelyn, 2011

Llestri Gras a Gobaith: Cymry a'r Cenhadon yn India –
Golygydd: D. Ben Rees, Cyhoeddiadau Modern
Cymreig Cyf., 2001

Diwinyddiaeth Fugeiliol: Ei Seiliau a'i Hegwyddorion,
Darlith Syr D. J. James, 1990 – Elfed ap Nefydd
Roberts, Tŷ John Penry, Abertawe, 1990

Gofala Di: Llawlyfr Bugeilio Cristnogol – Dewi M. Hughes,

Cyhoeddiadau'r Gair, Cyngor Ysgolion Sul Cymru, 2013

Finding Hope and Meaning in Suffering – Trystan Owain Hughes, SPCK, 2010

Why Does God Allow Suffering? – Alister McGrath, Hodder and Stoughton, 2000

Health and Healing: A Ministry to Wholeness – Denis Duncan, Saint Andrew Press, 1988

Suffering Man, Loving God – James Martin, Collins Fount Paperbacks, 1979

Paths Through Pain – Ann Callender, Darton, Longman and Todd, 1999

Face to Face with Cancer: Comfort and practical advice for sufferers and carers – Marion Stroud, Lion Hudson, 2004

Lluniau

Gwnaed pob ymdrech i glirio hawlfraint y lluniau ar gyfer y gyfrol hon. Tynnwyd y rhelyw o'r ffotograffau gan yr awdur ei hun. Os daw gwybodaeth i law am berchnogion hawliau sydd heb eu cydnabod, byddem yn falch iawn o'i derbyn er mwyn cywiro unrhyw argraffiad yn y dyfodol. Diolch yn arbennig i istock (bachgen bach ar y traeth), CADW (Ystrad Fflur), Cymdeithas Hanes Teuluoedd Clwyd (Eglwys Sant Ioan, Ysbyty Ifan), Martin Crampin ('Crist mewn Gogoniant', John Petts, eglwys Mair Forwyn, Aberhonddu).